SERIE PRACTICA

Cómo trabajar con las ideas de los alumnos

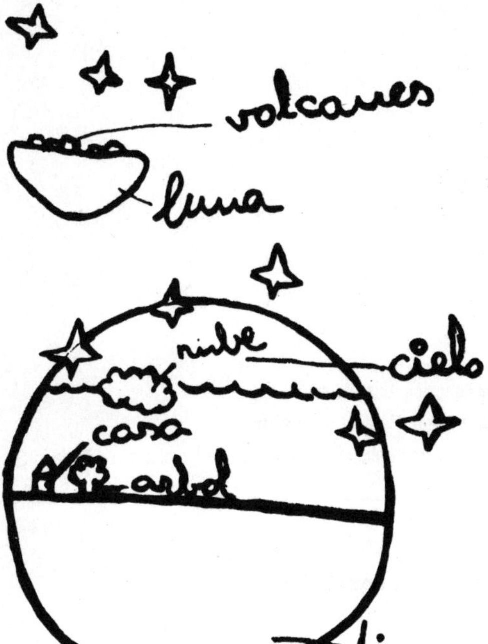

Rosario Cubero

Colección: Investigación y Enseñanza
Director de la colección: Rafael Porlán Ariza
Serie: Práctica nº 1. Cómo trabajar con las ideas de los alumnos / Rosario Cubero

Ronda del Tamarguillo. Edif. Rocío Sur. Ptal. 7, 1º-2
41013 Sevilla
3ª edición, Enero 1995

ISBN: 84-87118-02-X
Depósito legal: SE-85-1995

Impresión y encuadernación: Cromoarte

I N D I C E

1. Introducción

Existe un extenso cuerpo de investigación que se refiere a las *concepciones* de los alumnos sobre los hechos y fenómenos que estudian en las materias escolares. El desarrollo de este importante número de estudios a nivel internacional ha estado motivado, en gran medida, por el fracaso que sistemáticamente han tenido los alumnos en las materias científicas. Este hecho llevó a distintos profesionales de la educación a fijarse en los "obstáculos"(*) que suponen para el aprendizaje las propias *ideas* que el alumno "trae" a la clase, ideas que ha desarrollado a lo largo de su experiencia con el medio social y natural fuera del aula o que ha adquirido a través de las propias experiencias escolares. La importancia de estas ideas (como veremos en el siguiente apartado) es tal, que hoy día, ya no sólo desde la didáctica de las disciplinas científicas sino también desde las no científicas, se considera que un aprendizaje *verdaderamente significativo* debe contar con las concepciones de los alumnos y debe partir de ellas.

El conocimiento de las ideas de los alumnos no es, por tanto, un hecho reservado al estudio de psicólogos y didactas (entre otros), sino que se convierte en una *necesidad* para el profesor.

(*) Así se las consideró en un primer momento.

Estas páginas quieren ser un instrumento práctico que asesore al profesor tanto en el conocimiento de las técnicas que le pueden servir para explorar y sistematizar lo que piensan sus alumnos, como para conocer las ideas que sostienen estos planteamientos educativos. Con esta intención hemos presentado, en primer lugar, y brevemente, el marco conceptual base, seguido de algunas sugerencias sobre las técnicas de registro de los datos y el análisis-sistematización de los mismos, y de un apartado en el que se ofrecen algunos ejemplos desarrollados de cómo investigar las ideas de nuestros alumnos en el aula. Por último, se ofrecen algunas implicaciones didácticas y se propone una *posible* secuencia de trabajo en la que se integran las concepciones de los alumnos. Aunque el orden de los apartados obedece a una planificación sistemática, en la que se presentan primero las técnicas y luego una muestra de lo que podría ser la investigación del profesor en el aula, es posible abordarlos desde otro orden, por ejemplo, empezando por este último (apartado 5).

Por las mismas características de la colección a la que pertenece esta obra, estas páginas se tratan sólo de un *primer* instrumento para el profesor interesado, con la esperanza de que después de su lectura continúe profundizando en este tema. Es por ello que hemos concluído el volumen con una selección de bibliografía útil en castellano.

2. *¿Qué son las concepciones de los alumnos?*

2.1. Características de las concepciones de los alumnos

Los conceptos más importantes que utilizaremos a lo largo de estas páginas aparecen relacionados en la figura 1 (aunque la cuestión terminológica exigiría una discusión aparte, para los propósitos de la obra tomaremos como sinónimos los términos *concepciones, esquemas de conocimiento, representaciones* e *ideas de los alumnos*.)

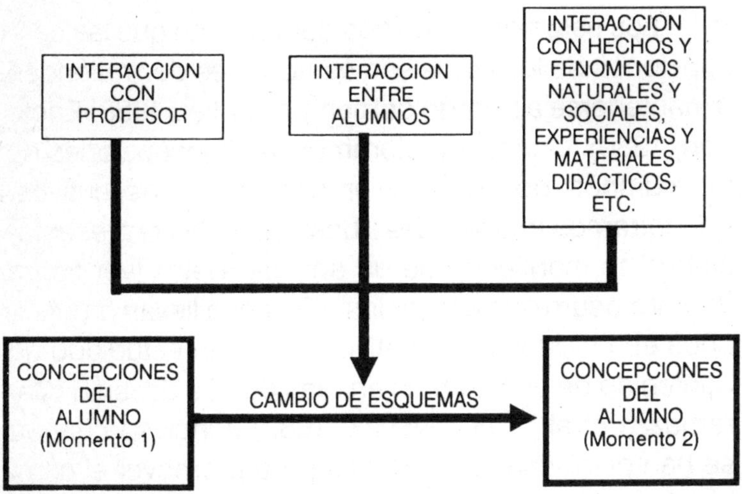

Figura 1. Aprendizaje significativo

Los alumnos adquieren ideas sobre cómo son los hechos y fenómenos sociales y naturales mediante sus experiencias con todo lo que les rodea, lo que escuchan y discuten con otras personas o lo que conocen por los medios de comunicación; muchos de estos hechos serán objeto de estudio a lo largo de la escolarización. Si estas ideas obedecieran a un capricho del momento no tendrían, sin duda, más importancia para nosotros que la de ser un hecho anecdótico. Cuando estudiamos las concepciones que tienen los alumnos encontramos, en cambio, un panorama bien distinto. Parece que lo que caracteriza a las representaciones de los alumnos de estas edades es su *estabilidad* en el tiempo, su relativa *coherencia interna* y su *comunidad* en el grupo de estudiantes. Veamos qué significan estas características.

Los estudios realizados demuestran que las concepciones de los niños son estables, es decir, tienden a mantenerse a lo largo del tiempo (Driver, 1986; Erickson, 1980). Cuando exploramos las concepciones de los alumnos, por ejemplo, en dos años consecutivos, encontramos que las ideas básicas de las representaciones se mantienen de un año para otro (ver figura 2). Esto ocurre incluso en los niños que llevan muchos años en el sistema educativo y que han estudiado un contenido de una materia en más de una ocasión (Caramazza et al., 1981; Novak, 1983) e incluso cuando se han planificado actividades para promover el cambio de estas concepciones (Clough y Driver, 1986; Driver, Guesne y Tiberghien, 1985).

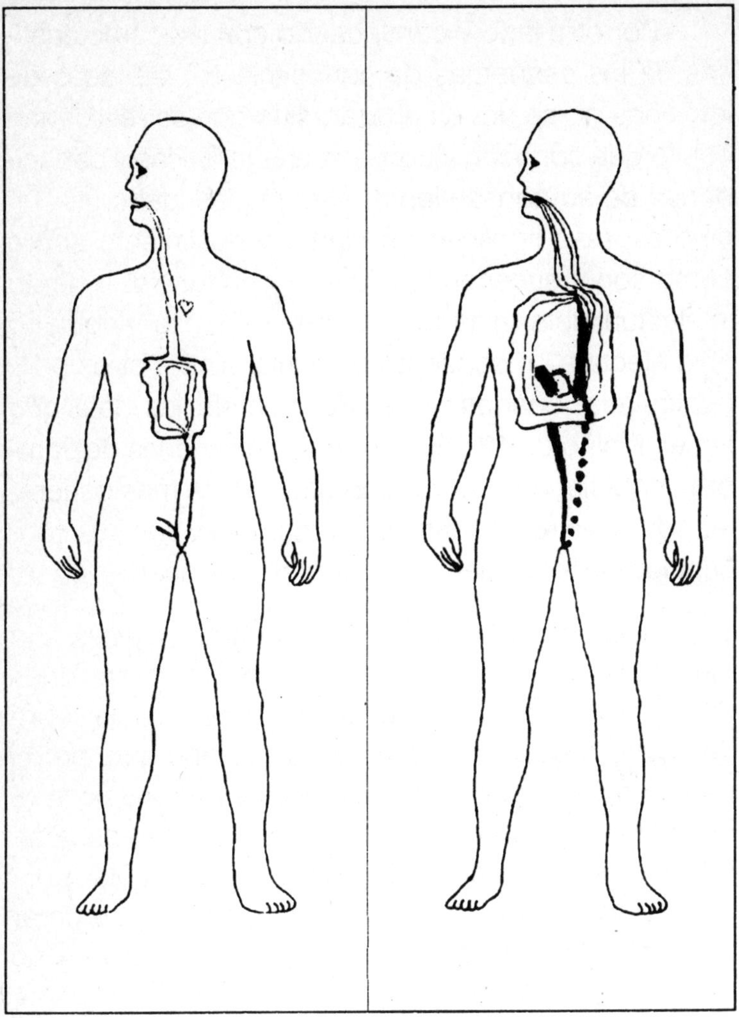

Figura 2. Dibujos realizados por una niña en relación con la digestión, cuando cursaba 4º y 5º de EGB, respectivamente.

Por otro lado y continuando con las características de los esquemas de conocimiento, las ideas de los niños no se deben al azar, sino que se relacionan con lo que conocen y con las características y capacidades de su pensamiento, esto es, las ideas que un niño expresa implican un cierto conocimiento sobre cómo son y suceden las cosas, y un funcionamiento intelectual determinado, una forma de razonar que no sólo afecta a un concepto particular sino a otros conceptos relacionados con él. Por ejemplo, las ideas que tiene un niño de 12 años sobre las relaciones de compra-venta tienen que ver con otras ideas más generales sobre las relaciones de intercambio y con sus concepciones de la dinámica económica de una sociedad.

Respecto a la tercera de las características que mencionamos más arriba, el número de concepciones diferentes que expresan los alumnos de un aula sobre un hecho o situación no es ilimitado, sino que, por el contrario, se encuentran una serie de *patrones* comunes entre ellos. Si bien los matices o pequeños detalles que caracterizan una concepción particular pueden ser muy diferentes, lo que podríamos considerar como el *núcleo* de la concepción parece que varía en un número limitado de posibilidades. Es precisamente esta característica de las representaciones la que hace posible su utilización didáctica en el aula ya que, si parece poco probable que podamos atender a todas y cada una de las concepciones de todos los niños, la tarea se convierte en asequible si existen unos pocos *patrones* relevantes en el aula.

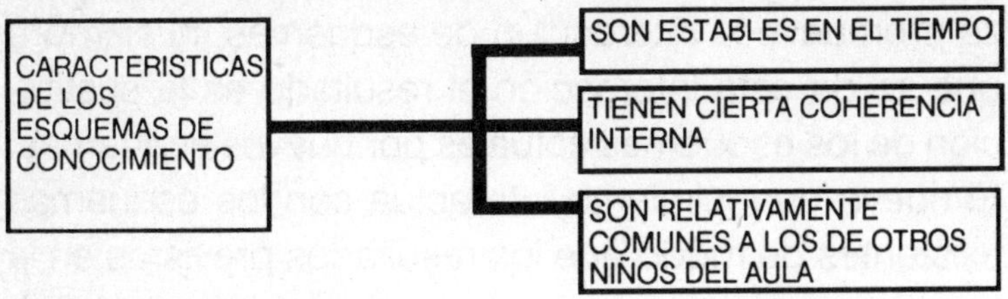

Figura 3. Características de los esquemas de conocimiento.

2.2. Influencia de las concepciones de los alumnos en el aprendizaje

En la última década, y de una manera creciente, se han multiplicado los estudios sobre las concepciones de los niños. Estos trabajos han conducido a la identificación de muchas ideas que caracterizan las representaciones de los alumnos, si bien es cierto que la gran mayoría de las investigaciones se refieren a concepciones científicas y en niños de edades que corresponden al ciclo superior de la E.G.B. o a la enseñanza secundaria en nuestro país. ¿Por qué este interés? ¿cuál es el papel o la influencia que tiene el conocimiento previo para el aprendizaje posterior?

Como apuntábamos más arriba, los esquemas de conocimiento de los alumnos son un elemento primordial, ya que el aprendizaje significativo únicamente ocurre cuando quien aprende construye sobre su experiencia y conocimientos anteriores el nuevo conjunto de ideas que se dispone a asimilar, es decir, cuando el nuevo conocimiento interactúa con los esquemas existentes. Pero ni toda situación de enseñanza promueve la interacción de esquemas, ni siempre que se da esta interacción el resultado es la sustitución de los esquemas actuales por nuevos esquemas. El nuevo conocimiento interactúa con los esquemas existentes de modo que los resultados previstos en la enseñanza, en la que se espera que el niño sustituya sus ideas "falsas" por las académicas, no se cumplen. En cambio, lo que a menudo sucede es que el niño realiza síntesis entre lo que él conoce y lo que cuenta el maestro, aprende algunos contenidos de forma superficial, o, simplemente, con el paso del tiempo, olvida lo trabajado en clase y sigue actuando de acuerdo con lo que ya sabía. Los resultados de la situación de aprendizaje pueden ser, por tanto, diversos (respecto a esto, ver figura 4).

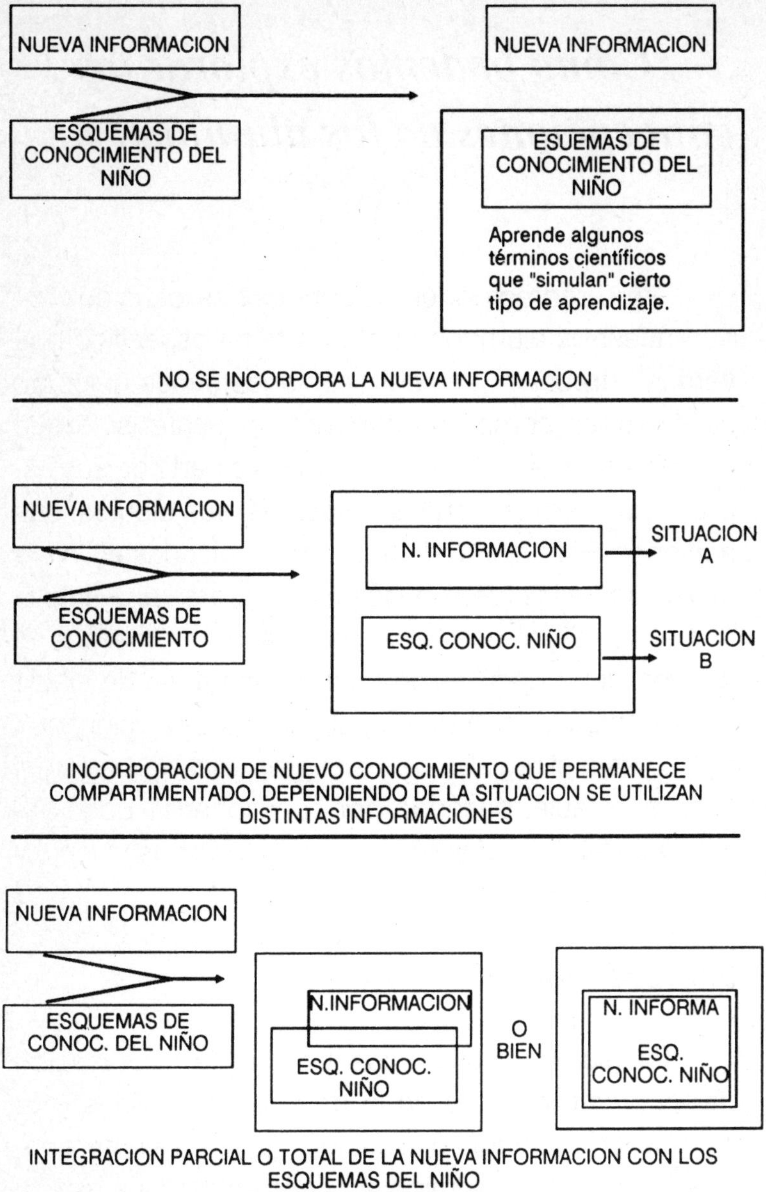

Figura 4. Posibles resultados de la situación educativa.

3. *¿Cómo podemos explorar las concepciones de los alumnos?*

Pero ¿cómo podemos conocer las ideas que tienen nuestros alumnos sobre un tema específico que vamos a trabajar? Las concepciones de los niños no se muestran como una conducta evidente, sino que han de ser necesariamente inferidas a partir de sus expresiones verbales orales o escritas, sus dibujos, sus acciones. El conjunto de técnicas empleadas en la exploración de las ideas de los niños abarca una amplia gama, desde el uso de cuestionarios en los que el alumno debe decidir con cuál de una serie de enunciados está de acuerdo (cuestionario de elección múltiple), hasta el registro de las expresiones verbales del niño en el aula, pasando por cuestionarios poco estructurados, basados en preguntas abiertas, o entrevistas de muy diverso tipo.

3.1. Los cuestionarios

El uso de cuestionarios, tanto en la investigación psicoeducativa como en la de otras disciplinas (por ejemplo la psicología o la sociología), está siempre rodeado de cierta polémica. La crítica habitual a este tipo de pruebas es que sitúan al encuestado ante una serie de preguntas que pueden ser totalmente nuevas para él y que, ante la necesidad de tener que dar una respuesta, éste contesta de forma caprichosa. Si el alumno no se ha planteado hasta ese momento los interrogantes que aparecen en el cuestionario, la misma formulación de la pregunta puede orientar o motivar un tipo de respuesta.

Admitiendo las críticas que normalmente se hacen a los cuestionarios, debemos tener presentes al menos tres aspectos que nos sirven para evaluar las posibilidades de esta técnica. Estos son: las características del estudio, el tipo de cuestionario y su uso conjunto con otros instrumentos de recogida de información.

Respecto al primero de estos aspectos, los cuestionarios, como cualquier otra técnica de recogida de datos, no están exentos de desventajas y su uso debe ajustarse a las características y fines del estudio que nos interesa realizar. Sin embargo, las ventajas más importantes del cuestionario, como son poder enfrentar a todos los sujetos a un mismo instrumento estandar y la posibilidad de recoger datos de muestras amplias (es también característico del cuestionario, frente a otras técnicas, su ahorro de tiempo), son especialmente importantes para el contexto de aplicación en el que nos movemos. El profesor necesita una técnica *ágil*, que consuma poco tiempo, y le permita dirigirse, en ocasiones, al grupo en conjunto; el cuestionario reúne estas características.

Por otro lado, y respecto al segundo de los puntos del que hablábamos más arriba, cuando nos referimos a los cuestionarios en general, solemos pasar por alto que existen muchos tipos y muchas formas de preguntar.

Los estudios que se han realizado sobre los esquemas de conocimiento de los alumnos han utilizado una gama diversa de cuestionarios, desde los que presentan una estructura muy cerrada hasta los que se basan en preguntas abiertas. A continuación pasamos a describir algunos ejemplos de ellos.

En un extremo se encuentran los *cuestionarios de elección múltiple* y los de *verdadero o falso*. Estos cuestionarios han sido muy criticados por el alto nivel de inferencia que ha de realizarse para la interpretación de los datos, ya que ante un sí o un no, o la elección de una respuesta prefijada de antemano, el profesor tendrá que deducir las concepciones de los alumnos. Las preguntas de elección múltiple pueden apoyarse en dibujos que ilustren lo que se pregunta (ver un ejemplo en figura 5).

Es muy importante que en estos cuestionarios se pida siempre al alumno el *porqué* de su respuesta y que justifique sus razonamientos, ya que así se contrarrestan algunos de los problemas que plantean las preguntas cerradas. Además, son precisamente estas explicaciones las que más información nos ofrecen sobre las concepciones del niño.

Problema 1

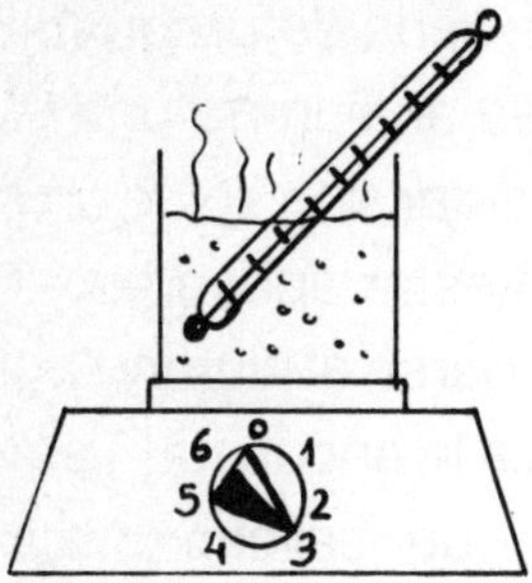

Se pone una cacerola con agua en un infernillo y el botón se coloca en el nº 3. Después de 5' el agua empieza a hervir. El termómetro registra +100ºC.

¿Qué registrará el termómetro después de estar 5' hirviendo?. Pon x en la respuesta correcta.

☐ Más de +100ºC ☐ +100ºC ☐ Menos de +100ºC

Explica por qué piensas así.

Problema 2

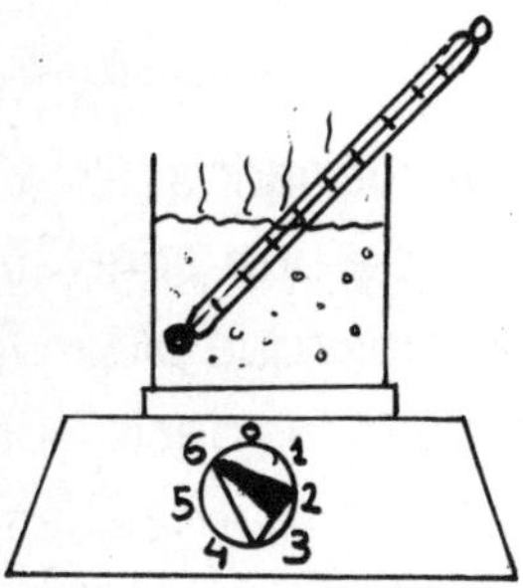

Se pone una cacerola con agua en un infernillo y el botón se coloca en el nº 3. Después de 5' el agua empieza a hervir. El termómetro registra entonces 100ºC. El botón se pone entonces en el nº 6 haciendo que el infernillo caliente todo lo posible. ¿Qué ocurre con el termómetro después de que el botón del infernillo se ha colocado en el nº 6?. Pon x en la respuesta correcta.

☐ El termómetro comienza a bajar de los +100ºC
☐ El termómetro se mantiene a +100ºC
☐ El termómetro comienza a subir de los +100ºC

Explica por qué piensas así.

Figura 5. Cuestionario sobre ebullición.
Tomado de Anderson, 1980, p. 253.

El profesor puede elaborar otro tipo de cuestionario que esté constituido por una serie de preguntas más abiertas en las que se plantee al alumno una situación o un problema al que deba dar una solución o respuesta. Las preguntas pueden estar apoyadas en dibujos, fotografías, etc. y pueden darse al alumno por escrito o ser leídas por quien realiza la encuesta. También puede pedirse a los alumnos que realicen operaciones sobre dibujos, como señalar o completar. En el caso de que quisiéramos explorar las concepciones de los niños sobre la electricidad, podríamos presentarles una serie de dibujos como los que siguen (ver figura 6) y pedirles que señalen (que rodeen con un círculo o que coloreen) el lugar en el que ellos creen que hay o se produce electricidad.

En el extremo opuesto a los cuestionarios de opción múltiple están los que constan de una serie de preguntas abiertas, a menudo generales, que piden al niño simplemente que exprese sus ideas (es decir, que nos cuente lo que él cree o piensa) o que realice algún dibujo sobre el tema de que se trate, como ocurre en el siguiente ejemplo referido al crecimiento de las plantas (ver figura 7).

Este tipo de cuestionario que es bueno para explorar representaciones generales del alumno tiene, ademas, la ventaja de que necesita poco tiempo de elaboración.

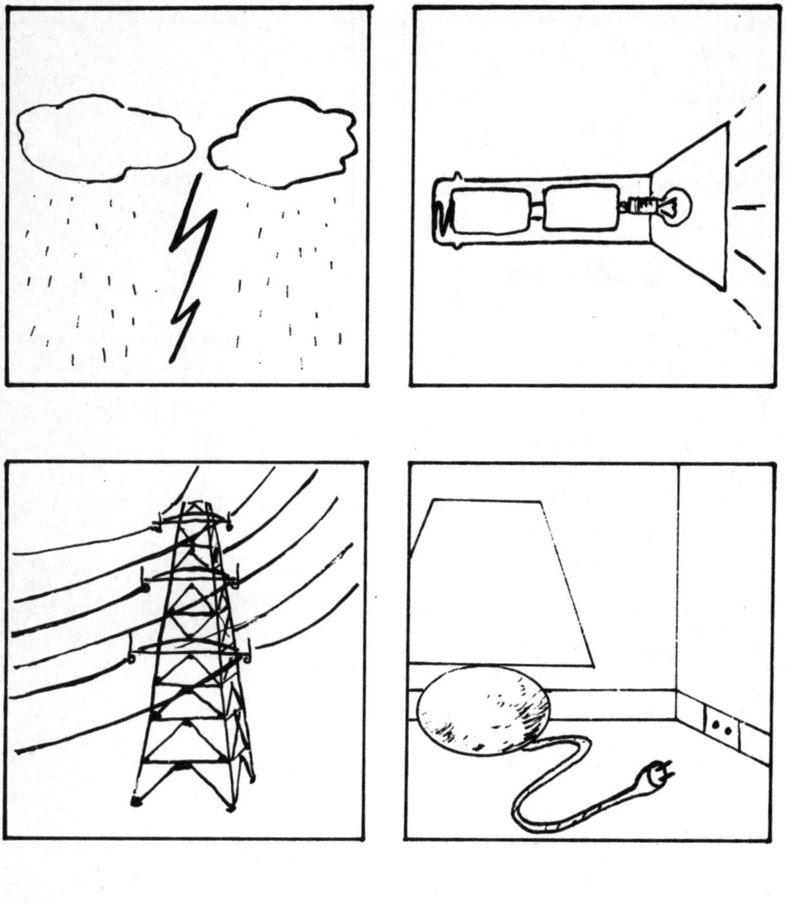

Figura 6. Cuestionario sobre la electricidad.
Tomado de Solomon et al., 1985, p. 291.

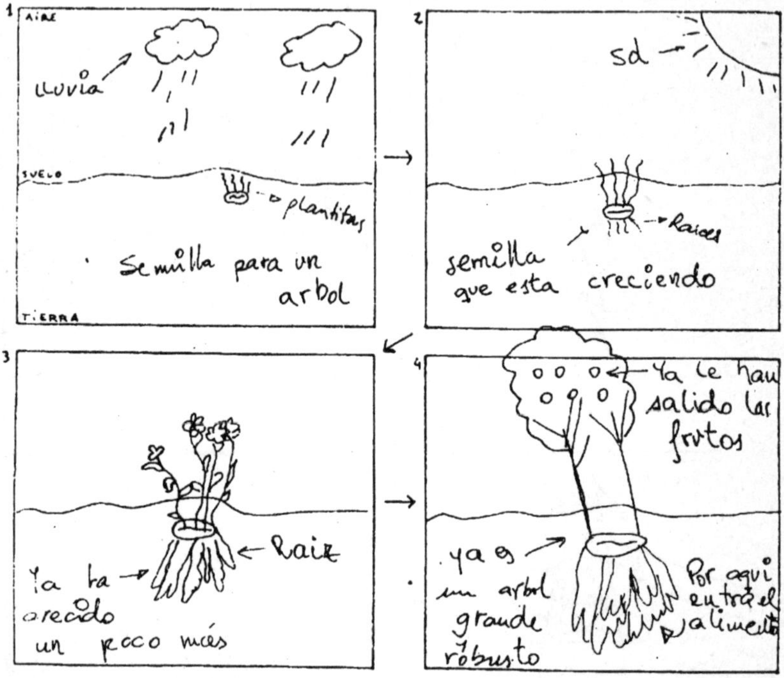

Figura 7. Cuestionario sobre el crecimiento de las plantas. Tomado de Porlán, 1985. (Es interesante resaltar, como se observa en este caso, que los niños consideran frecuentemente que la semilla funciona durante toda la vida de la planta como un estómago).

Por supuesto, las modalidades descritas pueden combinarse en la elaboración de un cuestionario, dependiendo de lo que nos interese explorar (concepciones generales o conceptos específicos), de modo que el alumno deba responder a preguntas abiertas y de elección múltiple, relacionar listas de términos, señalar sobre ilustraciones y realizar dibujos.

Creemos que estos ejemplos de tipos de preguntas con las que podemos construir un cuestionario ilustran cómo pueden mejorarse los cuestionarios tradicionales, elaborando modalidades más *flexibles* y adaptadas a los datos que se pretenden recoger y al tiempo y posibilidades de los que disponemos.

Hasta ahora nos hemos referido a la utilidad del cuestionario como instrumento de detección de representaciones para el profesor y hemos ofrecido algunos ejemplos de cómo construir cuestionarios para este fin. El tercero de los aspectos que mencionábamos al principio de este apartado, necesario para evaluar (y aprovechar) correctamente las posibilidades de esta técnica, es la conveniencia de utilizar el cuestionario de forma combinada con otras técnicas de registro como la entrevista o la observación, ya que cada una de ellas se presta más a la recogida de unos datos determinados. En este sentido, la elaboración de un cuestionario es una tarea delicada que exige normalmente haber realizado algunas exploraciones previas de qué es lo que los niños conocen sobre un tema, en un nivel escolar determinado. Es frecuente, por tanto, comenzar realizando una serie de entrevistas, cuyos datos servirán para construir, en un segundo momento, un cuestionario sobre el tema. Si bien esta es una buena recomendación cuando nuestros fines son exclusivamente de tipo investigativo, no lo es cuando pretendemos conocer las concepciones de nuestros alumnos (a menudo entre 30 y 40) antes de comenzar un tema, ya que hacer esto mismo con cada tema es una tarea prácticamente inabordable. Otra combinación de cuestionario y entrevista es, sin embargo, muy útil a nuestros fines: una vez diseñado un cuestionario exploratorio que, aplicado de forma sencilla, nos permita obtener datos de todos nuestros alumnos, podemos utilizar la entrevista con un grupo reducido de ellos para profundizar en aquellas concepciones que nos hayan parecido especialmente interesantes.

3.2. La entrevista

La entrevista, definida como una conversación dirigida a un propósito (Posner y Gertzog, 1982), se presenta como una de las técnicas más adecuada para explorar qué es lo que conocen nuestros alumnos. Aunque para los fines que pretendemos, es imposible entrevistar a cada uno de nuestros alumnos numerosas veces a lo largo del curso, sí que es recomendable, como se decía más arriba, utilizar esta técnica combinada con el cuestionario. Esto es más cierto aún cuando nosotros mismos como profesores estemos introduciéndonos en esta metodología de trabajo, ya que con la entrevista no sólo podemos explorar la extensión del conocimiento de un niño sobre un dominio concreto, identificando sus concepciones más relevantes, los conceptos que utiliza, las relaciones entre esos conceptos, sino que además podemos tener una muestra de cómo es el razonamiento del niño a lo largo de la conversación. Esto puede aportarnos mucha información la primera vez que pretendemos conocer las ideas de los alumnos. A continuación ofrecemos una muestra de diferentes tipos de entrevista que se suelen emplear.

Algunas entrevistas utilizadas para la exploración de representaciones se desarrollan según un formato muy estructurado. En ellas, las preguntas que se hacen a los niños (bien sin utilizar un material específico o utilizando dibujos u objetos) están determinadas de antemano. El riesgo principal de estas entrevistas es el de todas las situaciones muy estructuradas o, podríamos decir, muy *cerradas* de antemano. En estos casos las preguntas han de elaborarse con el cuidado de que su formulación no sugiera un tipo de respuesta al niño, o de que se ponga al alumno en situaciones tan desconocidas para él, que pueda responder caprichosamente (igual que puede ocurrir con el cuestionario). La ventaja de la entrevista frente al cuestionario, es que, en situaciones parecidas, el "feedback" que te permite la primera hace posible flexibilizar estas situaciones, adaptarlas al niño y profundizar en sus conocimientos y sus razonamientos (siempre preguntaremos "¿por qué crees eso?", no una única vez o en general, como ocurre en el cuestionario, sino refiriéndonos a cada uno de aquellos aspectos de las ideas de los alumnos que nos interesen más). Un caso especial de estas entrevistas consiste en presentar a los niños unas hojas en las que están escritas las preguntas que se les hacen. Estas preguntas están acompañadas de dibujos que representan posibles respuestas. La tarea del niño consistirá en elegir una respuesta (un dibujo) y en justificar su elección. Observemos el siguiente ejemplo:

Si colocamos agua en un recipiente con un tubo como los que se ven en los dibujos ¿cuál de estas tres situaciones crees que ocurriría?

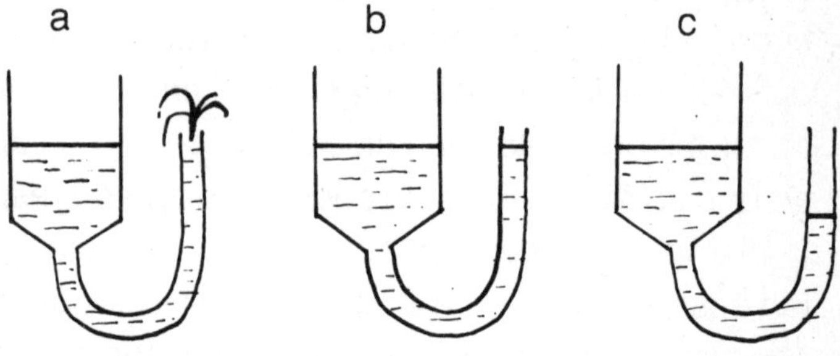

Explica tu respuesta.

Figura 8. Cuestionario sobre vasos comunicantes.

Lo que se hace en estas situaciones es utilizar un cuestionario de opción múltiple pero, en vez de administrarlo al colectivo de la clase conjuntamente, lo hacemos en una entrevista individual con cada niño, lo que nos permite utilizar el cuestionario de una forma más flexible para adaptarnos a cada caso particular. Elaborar estas entrevistas exige, como en el caso de los cuestionarios muy estructurados, tener información previa sobre las concepciones de los alumnos, es decir, haber realizado alguna exploración con anterioridad. En estos casos, además, el profesor ha de cuidar su comportamiento para que el alumno no perciba la situación como si se tratase de un examen oral.

Otro tipo de entrevista estructurada que podemos utilizar cuando nos interesa explorar un concepto concreto consiste en ofrecer al niño una serie de fotografías o tarjetas con dibujos en las puede estar implicado ese concepto o no y pedirle que nos diga cuáles son ejemplos del concepto y cuáles no. Por ejemplo, en la figura 9 se recogen algunas tarjetas que exploran el concepto de *energía*.

Sobre cada una de estas tarjetas se pregunta al alumno si constituye un ejemplo o no del concepto que se considera. (En el caso del reloj de alarma con un dial lumninoso preguntamos a los niños "¿hay aquí energía?"). De las respuestas que dan los alumnos obtenemos un listado de situaciones en las que creen que hay o está implicada la energía y en las que no lo está. Aunque esta técnica nos parece muy laboriosa para que el profesor pueda hacer uso de ella (normalmente requiere elaborar un conjunto de unas 20 tarje-

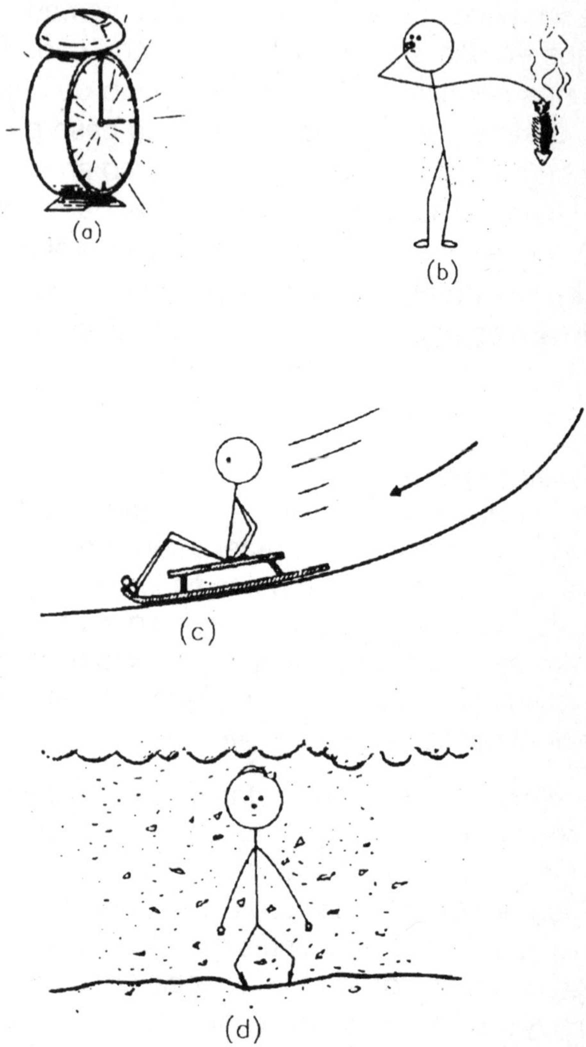

Figura 9. Cuestionario sobre la energía.
Tomado de Gilbert y Pope, 1986, p. 64.

tas con ejemplos significativos de situaciones en las que estuviese implicado el concepto y situaciones en las que no lo estuviese), sí que puede ser una modalidad adecuada cuando no se pretende construir toda una entrevista basada en esto. Así, puede resultar de utilidad y más asequible al trabajo del profesor, presentar al niño 3 o 4 dibujos y obrar de la misma manera.

Frente a estas entrevistas podemos llevar a cabo otras en las que la estructura interna no esté totalmente determinada con anterioridad a la situación concreta. Es éste un tipo de entrevista mucho más útil al profesor ya que requiere poco tiempo de elaboración (el esquema básico puede consistir en pedir al niño que realice un dibujo y lo explique, y/o responda a una pregunta general). Para realizarla debemos concretar un guión general en el que se indiquen resumidamente los aspectos sobre los que deseamos obtener información, así como pensar en algunas preguntas que deberían estar presentes en la entrevista. Se trata, de todas formas, de un guión y no de un cuestionario; esto significa que el orden en que se realicen las preguntas y el que se realicen unas u otras, dependerá de las concepciones que el niño exprese. En estas entrevistas es muy útil empezar pidiendo al niño que realice un dibujo sobre el tema que nos interesa y continuar haciéndole preguntas sobre lo que haya dibujado. A continuación se ofrece un posible guión para explorar las concepciones del niño sobre *lo vivo y lo no vivo* (lo que nos interesa es conocer qué criterios utiliza el alumno para clasificar distintos elementos en uno u otro grupo).

1.- Que el niño nombre o dibuje cosas que estén vivas y cosas que no estén vivas.

2.- ¿Por qué están vivas esas cosas? Explorar qué características definen al grupo de lo vivo.

3.- ¿Por qué no están vivas esas otras cosas? Explorar qué características definen al grupo de lo no vivo.

4.- Preguntar al niño por otros ejemplos que consideremos de interés. (Llevar preparada una lista de algunos casos significativos).

5.- Preguntar al niño por algunos elementos que perteneciendo a una categoría (a lo vivo o a lo no vivo) tengan características de la otra (elementos conflictivos). (Por ejemplo, si el niño dice que algo está vivo "porque se mueve", preguntarle si la bicicleta está viva o no está viva).

Figura. 10. Guión entrevista: lo vivo y lo no vivo.

Como se puede comprobar, nuestro interés en este apartado sobre técnicas de exploración y recogida de datos es siempre ofrecer ejemplos de elementos que el profesor puede utilizar en su trabajo en el aula. Todos ellos permiten otras muchas variantes que, sin duda, se le ocurrirán al profesor. Lo importante es conseguir desarrollar un buen instrumento de recogida de información que se ajuste a nuestras posibilidades y que sea sensible a las representaciones de los niños.

3.3. La observación

La observación es una técnica que el profesor utiliza de una manera espontánea. Se trata, en este caso, de que lo haga de una forma más sistematizada. El diario del profesor, que consiste en un cuaderno de anotaciones que se recogen mientras se trabaja en el aula o inmediatamente después de terminar el tiempo de trabajo (cuando aún tenemos recientes las observaciones), es el instrumento más utilizado para estos fines. La tarea del profesor consiste en anotar todos aquellos datos que sirvan para conocer las concepciones de los niños, es decir, todo lo que el niño haga o diga respecto al tema que nos interesa, ya sea durante el trabajo en grupo (preguntas y comentarios con los compañeros), como en el conjunto de la clase (exposición de experiencias o trabajos) o en interacción con el profesor (preguntas dirigidas al profesor, anécdotas). Es importante que anotemos para cada observación la fecha y las actividades que realizaba el niño cuando se registró la obsevación, así como la presencia y las actuaciones de otros niños que estuvieran con él (ver un ejemplo en la figura 11).

FECHA: 8-1-86

Actividad: Circulación de la sangre. Discusión de las ideas de los alumnos (continuación).

Comenzamos recordando todo lo que se ha trabajado hasta ahora en el centro de interés. Llegamos al tema de la circulación de la sangre que quedó esbozado el último día. En clase se plantea la pregunta:

- ¿Cómo recorre la sangre nuestro cuerpo?

Hipótesis:

- Hay un conducto de entrada y otro de salida.

Ante el intento de explicación de lo que significa esta hipótesis la desechan enseguida "puesto que si la sangre no llegara a todas las partes a la vez, habría algunas partes que se quedarían sin sangre a intervalos de tiempo".

Hipótesis alternativa:

- Los conductos mayores se tienen que ramificar en venas más pequeñas.

Pido, entonces, que expliquen sus respuestas en una hoja utilizando dibujos. Los grupos trabajan:

- El grupo de Carlos discute las posibles explicaciones. Carlos se acerca y me pregunta si toda la sangre pasa por los riñones. Le sugiero que lo discuta con el grupo y que lo plantee más tarde en la puesta en común.
- María está sola, no sabe qué hacer. Ha hecho un dibujo y lo ha roto. Me acerco a ella y hablamos.
- Paco, Luis y Manolo C. juegan.
- Rocío y Miguel trabajan de forma independiente.

FECHA: 9-1-86

Actividad: Continuación del día anterior.

Reparto por los grupos las distintas representaciones que hicieron ayer. Cada grupo estudia la representación de otro grupo según el guión:

- Estamos de acuerdo
- Fallos
- No sabíamos
- Le falta

Puesta en común:

- La sangre sale del corazón y recorre todo el cuerpo. Hay una vena que lleva de nuevo esa sangre al corazón.
- Los riñones purifican la sangre.
- La sangre sale del corazón, llega a los riñones, se purifica y va otra vez a todo el cuerpo.

Figura 11.Tomado del diario de clase de J. Martín, profesor de E.G.B.

4. *Cómo organizar la información*

En este apartado nos referiremos a dos formas complementarias de organizar los datos que hemos recogido: por un lado, nos fijaremos en el conjunto de las ideas de la clase, y, por otro, nos centraremos en las concepciones de cada niño en particular.

Si nos referimos al conjunto de datos de toda la clase, tanto para los cuestionarios como para las entrevistas, podemos hallar los porcentajes o el número de sujetos que responden de una manera o tienen unas concepciones determinadas. Así podemos decir, que 14 niños del aula o el 40% de los alumnos de una clase piensan que "tanto el calor como el frío son dos sustancias distintas que poseen los cuerpos". Los datos se suelen ofrecer mediante tablas en las que se expresan los porcentajes (o el número) de niños que se caracterizan por cada respuesta o idea concreta (ver un ejemplo en la página 40, figura 16).

En los cuestionarios que utilizan preguntas cerradas estas ideas ya vienen expresadas de antemano. Para los cuestionarios con preguntas abiertas o las entrevistas, debemos *categorizar* o determinar cuáles han sido las respuestas o ideas más comunes en los niños, y hallar qué porcentajes de niños las han expresado. De esta manera podemos caracterizar al grupo de niños por un conjunto de ideas representativas de sus concepciones.

Si en vez de interesarnos las concepciones del grupo en conjunto (o además de interesarnos esto), queremos caracterizar a cada niño por sus concepciones, podemos elaborar un *Inventario de ideas* o *Inventario conceptual* para cada alumno (hayamos recogido estas ideas mediante el cuestionario, la entrevista o la obsevación) respetando, cuando es posible, su propio lenguaje.

Una posibilidad que combina las dos anteriores, es decir, detallar el conjunto de ideas del alumno y hacer una descripción de las ideas de toda la clase, consiste en determinar los "modelos" o patrones presentes en el aula y especificar a qué modelo corresponde cada alumno. Es lo que se expone en la figura 12.

Este apartado y los que le preceden quedarán más claros con los ejemplos que ofrecemos a continuación.

		Nº NIÑOS
	NOCION 1. La Tierra es plana y continúa infinitamente hacia abajo y hacia los lados. El cielo es horizontal y paralelo al suelo.	8
	NOCION 2. El niño puede referirse a que la Tierra es redonda y citar a Colón o los astronautas que lo han demostrado. Al mismo tiempo cree que sólo es posible vivir en la "parte alta" de la Tierra y que hacia abajo habrá siempre suelo o un océano (como una referencia a que debe haber algún fondo del espacio cósmico).	9
	NOCION 3. La Tierra es esférica y sólo es posible vivir en lo alto de ella (como en noción 2). Hay un cambio, sin embargo, significativo en la concepción del espacio cósmico: el cielo está alrededor de toda la Tierra y no hay un "fondo" concreto del espacio.	10
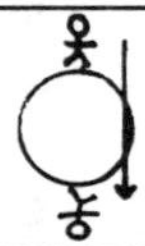	NOCION 4. Es posible vivir en cualquier sitio de la Tierra. Hacia abajo no guarda relación con hacia el centro de la Tierra.	7
	NOCION 5. La concepción es compatible con el modelo científico. Hacia abajo (dentro del suelo) significa hacia el centro de la Tierra.	3

Figura 12. Concepciones de los niños sobre el planeta Tierra. (Datos tomados de Nussbaum, 1979)

5. Dos estudios en el aula

Vamos a desarrollar dos ejemplos referidos, respectivamente, a las concepciones de los niños sobre el interior del cuerpo humano y sobre los conjuntos, que recogen lo dicho en los apartados anteriores.

5.1. Las concepciones de los niños sobre los órganos y funciones del interior del cuerpo humano

Supongamos que vamos a trabajar en clase contenidos relativos al cuerpo humano. Sabemos que no es la primera vez que nuestros alumnos tendrán conocimiento de este tema y que tanto dentro como fuera de la clase son muchas las ocasiones en que habrán tenido experiencias relacionadas con él (como son ir al médico porque les duele la cabeza o la barriga, o romperse un hueso). Sabemos, por lo tanto, que tendrán ideas de cómo es su cuerpo por dentro.

Puesto que somos conscientes de la importancia que tienen estos conocimientos para el aprendizaje de nuevos conocimientos, nos planteamos, como primer momento de nuestro trabajo en el aula, la exploración de sus ideas. ¿Cómo tendremos acceso a estos datos?

Si nos interesa recoger información de todos los alumnos de la clase, podemos utilizar un cuestionario sencillo que consista en pedir al niño que:

1.- Dibuje el interior de su cuerpo, escribiendo el nombre de todo lo que dibuje.

2.- Explique para qué sirven y cómo funcionan las "cosas" que ha dibujado.

Para ello confeccionaremos y daremos a cada niño la siguiente hoja:

– Piensa en cómo es tu cuerpo por dentro ¿qué hay dentro de tu cuerpo? Haz un dibujo de tu cuerpo pintando todas las cosas que hay dentro de él y escribe cómo se llaman esas cosas.   – Explica para qué sirven y cómo funcionan todas las cosas que has pintado dentro de tu cuerpo.

Figura 13. Cuestionario sobre el interior del cuerpo humano.

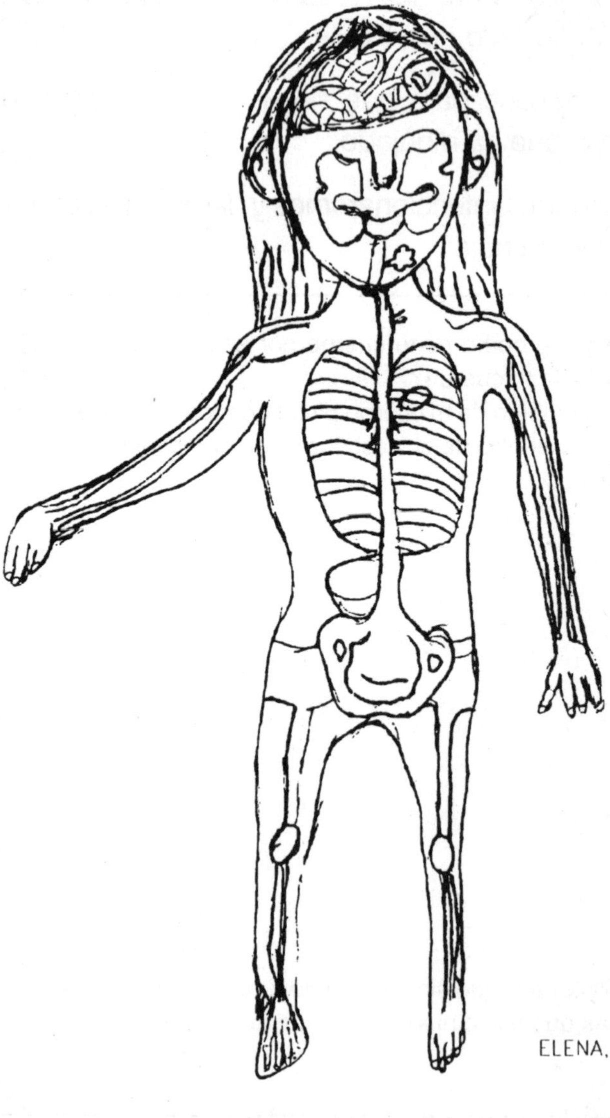

Figura 14. Dibujo del interior del cuerpo humano.

Debemos tener presente que los datos que obtendremos no serán claros en todos los casos. Como veremos más adelante, con este tipo de preguntas podremos obtener, entre otras cosas, información con la que elaborar una relación de los órganos que conocen los niños, saber cuáles son más y menos conocidos, y determinar las funciones que se les asignan, pero los datos de los dibujos no serán siempre fácilmente interpretables. Por ejemplo, la localización de los elementos es difícil de determinar. Puede suceder, también, que algunas características de los dibujos nos lleven a pensar que el niño concibe algunos elementos de una determinada manera y, realmente, no ser así (que concibe el estómago, por ejemplo, como una bolsa cerrada de la que no sale nada, mientras que si le preguntamos detenidamente por este aspecto puede explicarnos que "después de que la comida va por el estómago, sale de él y se hace caca").

Debemos, por tanto, manejar los datos de los dibujos con precaución, pedir a los niños que den cuantas explicaciones les sean posibles y, para superar las dificultades del cuestionario antes mencionadas, realizar algunas entrevistas.

Con el propósito de profundizar en las concepciones de algunos niños de una forma personalizada y en la que además es posible el "feedback", seleccionaremos algunos cuestionarios que nos parezcan especialmente interesantes por las ideas que aparecen en ellos o porque sean un patrón significativo del resto de concepciones de la clase.

Las entrevistas se realizarán en un lugar aparte del aula, o en el aula misma cuando esté vacía. En ellas podemos, en primer lugar, utilizar el cuestionario del niño para que nos dé más explicaciones sobre lo que ha dibujado o escrito y, en segundo lugar, introducir otras cuestiones que nos sean de interés, como, por ejemplo, pedir al niño que sitúe algunos órganos a los que no se ha referido. Tanto en la entrevista como en el cuestionario debemos tener cuidado con el lenguaje y los términos que utilizamos. En este caso, por ejemplo, evitaremos utilizar la palabra "órganos" (no la hemos incluido en el cuestionario) ya que no sabemos si el niño piensa que el interior del cuerpo está formado por órganos o no.

Además de las alternativas metodológicas descritas, podemos utilizar, como ya se ha indicado, otras muchas formas de recoger la información. A continuación reproducimos parte de un cuestionario que fue aplicado individualmente a niños de 4 a 16 años (Gellert, 1962) sobre este tema (ver figura 15).

En este caso se pregunta explícitamente al niño por la localización, el tamaño y la función de algunos órganos, partiendo de la idea de que si el niño no conoce dicho órgano lo expresará así.

Una vez recogida toda la información procedente de la exploración de las ideas de los niños ¿cómo la organizaremos? Existen distintas posibilidades. Por ejemplo, podemos elaborar una tabla sencilla como la que sigue (ver figura 16), en la que se recojan los *órganos* y *elementos* mencionados por los niños y el *número* o el *porcentaje* de niños que los nombraron.

a.

¿Qué tienes dentro de tí? Dime todas las cosas en las que puedas pensar que están dentro de tí.

b.

1. Muéstrame la cabeza.
   ¿Qué hay en la cabeza? (Dime todas las cosas que están en la cabeza).

2. Haz un redondel que indique dónde está el corazón y cómo de grande es. ¿Qué hace el corazón?
   (¿Para qué sirve?)
   ¿Qué ocurriría si no tuviéramos corazón?

3. Muéstrame algunos sitios donde tú tengas huesos.
   (Intentar que muestre al menos 5 sitios).
   ¿Para qué tenemos huesos?
   ¿Qué ocurriría si no tuviéramos huesos?

4. Haz un redondel que indique dónde está el estómago y cómo de grande es. ¿Qué hace el estómago?
   Muéstrame dónde va la comida después de que tú te la tragas (en el diagrama).
   ¿Y entonces?
   ¿Y entonces?
   (Si la excreción no se menciona expontáneamente preguntar: ¿Sale alguna vez por algún sitio?.
   Si la respuesta es afirmativa preguntar: Muéstrame por dónde sale).

Figura 15. Cuestionario sobre los elementos del interior del cuerpo y sus funciones. (Tomado de Gellert, 1962).

ELEMENTOS	%
CORAZON	76.66
HUESOS	61.66
CEREBRO	56.38
INTESTINOS	40.83
PULMONES	38.05
VENAS	36.38
HIGADO	31.94
ESTOMAGO	25.55
SANGRE	15.27
MUSCULOS	13.61
ESOFAGO	13.05
DIENTES	12.22
LENGUA	5.00
PANCREAS	4.72
RIÑONES	4.44

Figura 16. Tabla en la que se indican los órganos mencionados por una muestra de niños, así como el porcentaje de niños que se refirieron a ellos.
Tomado de Amann-Gainotti, 1986.

También podemos hacer una tabla un poco más compleja que incluya las funciones que atribuyeron los niños a esos elementos.

ELEMENTO	FUNCION	Nº NIÑOS
CORAZON	NO SABEN NO CONTESTAN	3
	FUNCIONES RELACIONADAS CON PROCESOS EMOCIONALES	1
	F. RELACIONADA CON LA SALUD (Para estar bien, estar saludables)	7
	EL CORAZON ES ESENCIAL PARA LA VIDA (Para poder vivir)	15
	F. RELACIONADA CON LATIR Y HACER RUIDO	3
	F. RELACIONADA CON EL MOVIMIENTO (Sirve para que nos podamos mover, para andar)	4
	EL CORAZON HACE LA SANGRE	9
	EL CORAZON EMPUJA LA SANGRE POR EL CUERPO	14

Figura 17. Funciones del corazón y número de niños que las expresan.

De estas tablas podemos concluir cuáles son los elementos más y menos conocidos y cuáles los desconocidos o no mencionados, así como las funciones (correctas o no) que se les atribuyen. De los dibujos podemos extraer, también, en qué medida los elementos están bien situados en el interior del cuerpo y la importancia relativa que se les asigna en el conjunto. La pertenencia de un órgano a un sistema de órganos y/o sus relaciones con otros elementos son datos que también podemos deducir, quizás con mayor seguridad, de las entrevistas.

¿Qué han encontrado los estudios que se han realizado sobre las concepciones que tienen los niños del interior del cuerpo? Hay muchos datos y muchas descripciones sobre este tema, pero nosotros nos vamos a centrar en el cambio que pueden sufrir los esquemas del niño. Analizados desde un punto de vista evolutivo (en el sentido de *cómo evolucionan* las ideas de los niños), según algunos autores (Crider, 1981) los niños pueden pasar por distintos *niveles de conceptualización* que podrían resumirse de la siguiente manera:

- En un principio, cuando el niño es muy pequeño no diferencia entre la estructura y la función de los elementos del interior del cuerpo. A partir de este punto, empieza a diferenciar algunas partes de su cuerpo en función de su localización ("aquí está el corazón" o "aquí hay huesos"), pero aún no sabe para qué sirven.

- A los 6 o 7 años, es frecuente que el niño nombre una serie de órganos y se refiera de una forma parcial a sus funciones. En este momento las causas principales de las funciones son los órganos: un órgano es el origen de una función.
- En un momento posterior, el niño podrá ser capaz de diferenciar claramente entre la estructura y la función de los órganos.
- El órgano se concibe como un agente activo; es el encargado de desplazar y mover sustancias por el cuerpo (por ejemplo, el corazón no sólo hace ruido sino que además empuja la sangre).
- Más tarde, el niño es capaz de diferenciar entre órganos, funciones y sustancias. Se concibe ya la transformación de las sustancias corporales (una sustancia se convierte en otra).
- Finalmente, una vez que el niño es capaz de pensar en sistemas de órganos, que se han diferenciado distintos niveles de organización en el interior del cuerpo y que se coordinan distintas transformaciones de sustancias, es posible que sea capaz de explicar distintos fenómenos desde el nivel de sistemas y aparatos, al de células y reacciones químicas.

A lo largo de esta secuencia el niño va, además, conociendo un mayor número de elementos y los localiza adecuadamente. La secuencia descrita no se trata de una secuencia de desarrollo del niño, sino de una secuencia posible en la que se describe cómo el niño puede ir incorporando, progresivamente, nuevos conocimientos. En nuestras aulas, sin embargo, encontramos un importante porcentaje de alumnos que, al final del ciclo medio (y más adelante), confunden las funciones de los órganos o las desconocen, que no conocen el interior del cuerpo como una organización en sistemas y que difícilmente explican las relaciones entre distintos niveles de organización (célula-órgano-sistema), manteniendo concepciones elementales del mismo. ¿Cómo podemos utilizar las representaciones de los alumnos en el aula? Antes de pasar a este punto, vamos a exponer otro ejemplo.

5.2. ¿Qué es un conjunto?

En este caso vamos a comenzar a trabajar con los alumnos algunas nociones sobre la teoría de conjuntos y decidimos explorar previamente sus ideas sobre el concepto de *conjunto*. Como es la primera vez que afrontamos esta tarea y nos resulta difícil plantear un cuestionario, decidimos comenzar entrevistando a algunos niños de la clase (5 o 6 alumnos) para recoger información que nos ayude a elaborar el cuestionario. Pensamos en un primer guión y determinamos que en la entrevista pediremos al niño que:

- Dibuje un conjunto y explique su dibujo.
- Explique lo que él cree que es un conjunto y ponga varios ejemplos.

- Forme distintos conjuntos con los elementos que le daremos (lápices, gomas, dibujos de animales, figuras geométricas) y explique por qué lo son.

Nuestra intención será averiguar qué cree que es un conjunto, si sabe representarlo y si sabe distinguir entre el significado del concepto y su representación.

Vamos a ver un ejemplo de un estudio realizado sobre este tema, que ilustra lo que puede ser nuestro trabajo.

A continuación aparece un fragmento del guión de una entrevista elaborada para examinar la comprensión que tienen los niños de 6 a 11 años sobre algunas nociones de la teoría de conjuntos (Moreno, Echeita, Martín y del Barrio, 1985, p. 71):

- ¿Has estudiado conjuntos?
- ¿Sabes qué es un conjunto? Dibujo de un conjunto.
- Se plantean al niño situaciones referidas al conjunto que ha dibujado, como:
  - Representación del conjunto dentro de un cuadrado (en vez de un redondel).
  - Representación del conjunto sin línea alrededor.

Dependiendo de las respuestas del niño se indagará sobre la representación del conjunto:

- ¿Por qué se necesita que el conjunto esté rodeado? (Si el niño así lo ha expresado).
- ¿Qué es el conjunto? (¿La línea, los elementos, las dos cosas?).

Como hemos dicho con antelación, la entrevista no tiene la rigidez del cuestionario y este guión se aplicaba con flexibilidad, en función de las respuestas del niño.

Además de estas preguntas se le planteaban otras tareas (como, por ejemplo, formar conjuntos con un material que suministraban a los niños).

Algunas conclusiones de su estudio son las siguientes:

- En relación con las preguntas sobre la noción de conjunto, las respuestas de los niños se clasificaron en estas cuatro categorías:

  a) Desconocimiento de lo que es un conjunto.

  b) Confusión de la noción de conjunto con su representación gráfica.

  c) Explicación de lo que es un conjunto por medio de ejemplos.

  d) El conjunto como una reunión o un grupo de elementos que no necesitan estar encerrados en una línea para considerarse como tal.

Parece, entre otras cosas, que existe una confusión entre lo que significa el concepto de conjunto y su representación gráfica mediante el diagrama de Euler, ya que muchos alumnos piensan (el 50% de los alumnos entre 4º y 5º de E.G.B., en este estudio) que para que una serie de cosas sea un conjunto es necesario que estén "encerradas" en una línea redonda. En relación con las edades, los más pequeños (recordamos que los niños del estudio tenían entre 6 y 11 años) identificaban el "redondel" con el conjunto en sí (redondel = conjunto), mientras que los mayores expresaron que además del redondel son necesarios los elementos para considerar que es un conjunto (aún hay confusión entre noción y representación gráfica) o que, por último, el grupo de elementos es suficiente para formar el conjunto.

– Respecto a los criterios que utilizaron los alumnos para formar conjuntos (cuando se les dieron una serie de objetos) éstos fueron los siguientes:

a) No se utilizan criterios, de forma que los elementos aparecen mezclados y lo que define la pertenencia al conjunto es "estar dentro del redondel" (el "redondel" se formaba utilizando un trozo de cuerda), o si se utilizan criterios, estos varían de unos elementos a otros (por ejemplo, dos o tres de ellos se ponen juntos por su color y otros tantos por su forma).

b) Se considera una propiedad común a todos los elementos aunque se formen varios conjuntos con el mismo criterio (tres conjuntos de animales, por ejemplo) o, al formar el conjunto, no se incluyen todos los objetos que debían pertenecer a él, dejándose aparte algunos.

c) Se forman conjuntos según un criterio, aunque éste haga referencia a la propiedad común más inmediata (por ejemplo, el color).

d) Se forman algunos conjuntos en función de una propiedad general (por ejemplo, "animales") mientras que en otros se utilizan propiedades inmediatas como ocurría en c).

e) Los conjuntos se forman según una propiedad general de los elementos y se especifican subconjuntos.

Pero volvamos a nuestro aula y a nuestra intención de entrevistar a algunos alumnos para obtener información que nos sirva para elaborar un cuestionario. Una vez que hayamos llevado a cabo las entrevistas, haremos un inventario de las ideas y concepciones más importantes que hayan expresado los niños (que serán, por ejemplo, "Identificación de lo que es un conjunto con su representación", "Creencia de que los conjuntos tienen forma redonda", etc.). A continuación, para conocer qué concepciones tienen los alumnos de nuestra clase, no en términos generales de qué concepciones tienen con mayor frecuencia, sino de una forma personalizada, elaboramos y presentamos a los niños un cuestionario individual (en su elaboración hemos tenido en cuenta los resultados de la entrevista y, por ejemplo, diseñamos preguntas encaminadas a explorar si los niños diferencian o no el conjunto de su representación gráfica) (ver figura 18).

- ¿Qué piensas tú que es un conjunto? Explícame con tus palabras lo que tú crees que es un conjunto.

- ¿Puedes dibujar un conjunto?

- ¿Puedes dibujar otro conjunto diferente?

- ¿Puedes dibujar otro conjunto diferente de los dos conjuntos anteriores?

- Aquí hay pintados algunos dibujos. Míralos bien. ¿Ves algún conjunto entre ellos? Colorea lo que tú crees que es un conjunto.

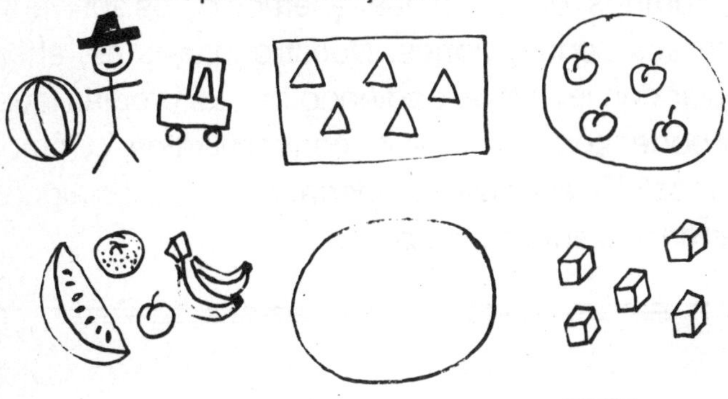

Fíjate en el siguiente dibujo ¿Tú crees que esto es un conjunto?

Y ahora, ¿crees que esto es un conjunto?

Y ahora, ¿crees que esto es un conjunto?

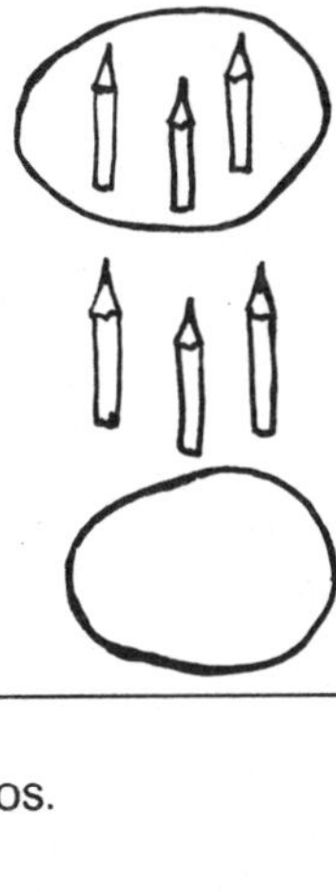

Figura 18. Cuestionario sobre los conjuntos.

El análisis de los cuestionarios y la organización de los datos podrá hacerse, como hemos expresado en anteriores ocasiones, bien referido al grupo (qué ideas son las expresadas por los niños, cuáles son las más y las menos frecuentes) bien a cada niño en particular. En este último caso podemos elaborar el inventario de ideas de cada niño y, si tenemos dudas respecto a lo que un niño expresa en el cuestionario, entrevistarnos con él.

Hasta aquí hemos explorado las ideas de nuestros alumnos, de forma que tenemos datos suficientes sobre sus concepciones. Nuestro interés es, ahora, trabajar con los niños partiendo de sus propias ideas, para poder construir nuevos conocimientos. ¿Cómo lo haremos? En el siguiente apartado se ofrecen algunas sugerencias sobre este punto.

6. El trabajo con las representaciones en el aula

Terminábamos el apartado 2 comentando los posibles resultados de una situación de aprendizaje. ¿Cómo debemos entender, entonces, los esquemas de conocimiento de los alumnos? ¿Cómo actuaremos ante estos esquemas?

Una respuesta que se da por parte de algunos profesionales es interpretar estos esquemas como *fallos* u *obstáculos*, que, por lo tanto, hay que intentar eliminar como si de un mal a erradicar se tratase. Desde esta postura no *constructivista*, en la que caen algunos profesores, se exploran las concepciones para, una vez conocidas, intentar actuar explícitamente sobre ellas; podríamos decir que trabajan *contra* las representaciones. Un ejemplo de esto lo constituye el profesor que habiendo encontrado que sus alumnos piensan que *el agua de la lluvia procede del mar*, expone en clase el error que supone esta creencia y, a continuación, explica de dónde proviene el vapor de agua de las nubes (y lo hace esforzadamente). No parece, sin embargo, que los resultados de la situación de aprendizaje vayan a ser mucho mejores porque el profesor, al comienzo del tema, exponga las ideas erróneas detectadas en la clase, para pasar a explicar el modelo científico. El resultado de este método puede ser el mismo que si presentáramos la concepción científica desde el primer momento.

No podemos *cambiar* las concepciones si no es, también, desde una lógica *constructivista*, es decir, si no es transformándolas, trabajando *con* ellas para poder actuar *contra* ellas. Se trata, pues, de considerar las concepciones de los niños como un punto de partida (más que el resultado de una deficiencia), y al aprendizaje como la transformación o el cambio de los esquemas de conocimiento.

¿Cómo podemos, entonces, organizar el proceso de enseñanza/aprendizaje de manera tal que se tengan en cuenta estos sistemas conceptuales? A continuación hacemos una propuesta que recoge, en lineas generales, los planteamientos hasta aquí expuestos. Como propuesta, puede ser útil para desarrollar una unidad completa de contenidos o como parte de otras secuencias de trabajo.

En la secuencia propuesta distinguimos cuatro *momentos* consecutivos, que son:

I. Explicitación de las ideas propias.

II. Comunicación de las ideas propias y conocimiento de las de los compañeros.

III. Realización de un conjunto de experiencias.

IV. Formulación de conclusiones y reconstrucción del proceso.

I. Explicitación de las ideas previas.

En este primer momento nos interesa cubrir dos objetivos básicos:

1. Que el profesor explore y conozca las concepciones de las que parten sus alumnos.

2. Que los alumnos expliciten y tengan presentes sus propias ideas.

Frecuentemente, cuando nos referimos a la exploración de las concepciones de los alumnos, se puede interpretar que el motivo básico de realizar esta exploración es que el profesor conozca lo que sus alumnos piensan, para que pueda enfocar adecuadamente los contenidos (quizás esto pueda también interpretarse de la exposición que hemos hecho sobre los métodos de recogida de datos). Esta interpretación es sólo correcta a medias, ya que tan importante como esto es que el alumno exprese sus ideas de modo que las haga manifiestas. Este hecho de expresarlas (por escrito o verbalmente, con dibujos), hace más fácil que el mismo alumno analice, discuta y razone sobre sus ideas.

Para que se cumplan los dos objetivos mencionados podemos llevar a cabo, entre otras, tres actividades:

– En primer lugar, podemos pedir a los alumnos que realicen un cuestionario (como los que hemos visto en el apartado 3) en el que expresarán sus ideas sobre los conceptos y relaciones básicos que nos interesan.

– En segundo lugar, seleccionaremos aquellos cuestionarios que resulten especialmente significativos y nos entrevistaremos con los alumnos que los hayan realizado, para ampliar y profundizar en sus ideas sobre el tema.

– En tercer y último lugar, organizaremos y analizaremos los resultados. A partir de la información obtenida elaboraremos un *inventario de ideas* en el que se hará una relación de las concepciones expresadas por los alumnos. Por ejemplo, si estamos trabajando el tema "¿Cómo se alimentan las plantas?", el inventario de ideas puede ser el que sigue:

IDEAS FORMULADAS POR LOS ALUMNOS SOBRE LA NUTRICION DE LAS PLANTAS (EN EL CUESTIONARIO Y LA ENTREVISTA)

1. Las plantas se alimentan sólo por las raíces.
2. Las plantas toman todo su alimento del suelo.
3. Las plantas se alimentan del agua y de la tierra.
4. Las plantas pueden tomar mantillo, estiércol y agua por sus raíces.
5. Las plantas no necesitan sol o luz para crecer, sino para otras cosas (tener buen color).
6. El intercambio de gases se relaciona con la respiración.
7. Las plantas realizan la fotosíntesis durante el día y respiran sólo por la noche.

Es conveniente que a la formulación de ideas se añada una explicación más extensa de lo que significa la idea y de sus implicaciones respecto a otros conceptos (en el caso de que el niño se haya referido a ellos).

II. Comunicación de las ideas propias y conocimiento de las de los compañeros.

Una vez que el alumno explicita sus ideas (o, al menos, algunas de sus ideas), se potenciará que exprese y debata sus concepciones con el grupo del que forma parte y con la clase en general. La explicitación de las ideas propias y su clarificación en la discusión con los compañeros permitirán, por una parte, que profundice en el análisis de sus propios puntos de vista, ya que se le animará a que los justifique y defienda y, por otra, que conozca los puntos de vista de otros compañeros que podrán ser distintos del suyo.

Para motivar al alumno en estas tareas se podrán utilizar diversas actividades. Se les puede pedir que presenten a la clase sus puntos de vista, o que resuelvan un problema en grupo en el que tengan que poner en juego sus representaciones. Otra posibilidad consiste, también, en pedirles que realicen en grupo un cuestionario como el que se utilizó para explorar las concepciones (antes se les puede devolver el cuestionario individual).

Es interesante que, en este momento en el que empiezan a comunicar y compartir sus ideas con los demás, se pida al grupo que comience a elaborar una *memoria de actividades* (que suele denominarse como *diario de grupo* o *diario de clase de los alumnos*) en la que se vayan recogiendo las actividades que realicen, expresando sus opiniones, ideas, criterios y conclusiones. El uso continuado de este sistema de registro, permitirá recoger, en cierta medida, la evolución de las concepciones del alumno. Para ello es necesario que en el aula reine un clima distendido, en el que los niños no interpreten que el profesor evaluará negativamente la memoria de actividades cuando hayan defendido ideas que más tarde hubieran abandonado por erróneas.

III. Realización de un conjunto de experiencias.

Como se ha argumentado más arriba, en varias ocasiones, el aprendizaje significativo implica la interacción de nueva información con los conocimientos actuales del alumno y, por ende, un cambio en sus concepciones. Aunque promovemos este cambio ya desde el momento en que pedimos que explicite, justifique y discuta sus ideas y las de los otros, debemos realizar una serie de actividades especialmente diseñadas para promover el cambio conceptual.

A través de estas actividades se pretende que los alumnos conozcan y se familiaricen con los hechos, conceptos y relaciones relativos a los contenidos que se trabajan, así como que contrasten sus ideas con esta información y obtengan, progresivamente, niveles de conceptualización más complejos. Para que el proceso de cambio de esquemas sea posible, es preciso, entre otras cosas, que el alumno advierta que existen aspectos que no son explicables por las propias concepciones y se sienta insatisfecho con ellas.

La participación del profesor en todo el proceso ha de ser activa (¿cómo si no?), entendiendo por ello que no ha de estar sólo coordinando el proceso y asistiéndolo desde fuera, sino que ha de estar directamente implicado, señalando las inconsistencias de los puntos de vista de los alumnos, aportando información, proponiendo otros puntos de vista, etc.

IV. Formulación de conclusiones y reestructuración del proceso.

Nuestro objetivo principal, con todo el trabajo desarrollado en el aula, ha sido y es que los alumnos obtengan una serie de conclusiones acordes con el conocimiento del que hoy día disponemos sobre el tema, ajustado al nivel escolar del alumno. Esta afirmación precisa, al menos, una matización.

La misma dinámica del aprendizaje como proceso constructivo implica tomar una serie de decisiones sobre los resultados que se pretenden obtener. Creemos que considerar el conocimiento como una construcción progresiva implica admitir que del trabajo que se realiza en un aula sobre un tema concreto pueden resultar distintos niveles de acercamiento a los conocimientos organizados que se intentan enseñar. Esto es lo mismo que decir que el niño, a lo largo de la escolaridad, puede sostener modelos que, aún siendo ciertos a un determinado nivel de formalización, no coinciden con lo que propone el profesor. Es a través de aproximaciones sucesivas que el alumno llegará a dominar dichos conocimientos.

Una herramienta útil en este proceso consiste en que el alumno reconstruya, con la ayuda del profesor y en la medida de lo posible, el proceso seguido desde sus ideas originales cuando comenzó a trabajar el tema, hasta el momento actual, ya que le facilita la toma de conciencia de sus conocimientos y la reflexión sobre su propio aprendizaje. Esta reconstrucción puede realizarse utilizando la memoria de actividades.

Como reflexión final nos gustaría comentar que lo que aquí se presenta es una, de entre otras tantas posibilidades de trabajo con las concepciones de los alumnos en el aula; lo expuesto, por tanto, no intenta ser una propuesta rígida que sigue un orden mecánico. La construcción del conocimiento es un proceso contínuo.

Los cuestionarios pueden ser un punto de partida, pero también puede cumplir el mismo objetivo que los alumnos realicen otra actividad que nos parezca adecuada. Lo necesario no es conocer únicamente el punto de partida, sino, además, ir ajustando nuestra ayuda pedagógica al conocimiento del niño durante todo el proceso de aprendizaje.

7. *Recordando algunas ideas básicas*

Nos gustaría, por último, retomar y resaltar, sin pretender agotar el tema, algunas de las ideas básicas discutidas en las páginas anteriores:

- El alumno debe ser consciente de sus propias ideas, ya que este conocimiento es un paso necesario para plantear su transformación. Es imprescindible que el profesor aliente a los alumnos a que expliciten y conozcan sus concepciones sobre los fenómenos que se estudian mediante el empleo de distintas técnicas de representación y trabajo en el aula (gráficas, dibujos, textos, discusiones).

- Las ideas de los alumnos no cambian porque, simplemente, se las enfrente a un modelo científico; ya hemos visto cómo es necesaria la relación del nuevo material con lo ya conocido.

- La construcción de nuevos conocimientos se lleva a cabo en un medio eminentemente social caracterizado por la *interacción* y el *intercambio*. La discusión entre los compañeros sobre los contenidos escolares, el diálogo y la confrontación de ideas, la actividad de autorreflexión necesaria para defender el propio punto de vista y para responder a preguntas de los compañeros, suponen una valiosa experiencia para la construcción de los propios sistemas conceptuales.

– Es necesario que el profesor se interese por, y conozca, las concepciones de *los niños de su aula*. Conocer los resultados de otros estudios y estar al tanto de las investigaciones que exploran las ideas de los alumnos en distintos campos es útil para obtener una información importante y necesaria para nuestro trabajo, pero conocer tipologías de concepciones de los niños en general no sustituye, no puede sustituir, el estudio de las concepciones de nuestros niños. Son precisamente las ideas de los alumnos con los que trabajamos las que más nos interesan si queremos ajustar la ayuda pedagógica de una forma personalizada.

En una obra dedicada exclusivamente a las concepciones de los niños parece adecuado terminar diciendo que ni todas las dificultades de comprensión y asimilación, ni todos los elementos del proceso de aprendizaje se reducen, claro está, a la existencia de las representaciones, ya que otras características del funcionamiento cognitivo propio del niño, de las estrategias didácticas empleadas y de la situación escolar, son igualmente significativas al respecto.

8. *Bibliografía en castellano comentada*

Aprendizaje significativo

AUSUBEL, D. P., NOVAK, J. D. y HANESIAN, H. (1982), Significado y aprendizaje significativo. En D. P. Ausubel, J. D. Novak y H. Hanesian, *Psicología Educativa. Un punto de vista cognoscitivo*. México: Trillas.

COLL, C. (1988), Significado y sentido en el aprendizaje escolar. Reflexiones en torno al concepto de aprendizaje significativo. *Infancia y Aprendizaje, 41*, 131-142.

Tal y como Ausubel, Novak y Hanesian (1982) exponen en el capítulo que aquí se reseña "la esencia del proceso de aprendizaje significativo reside en que las ideas expresadas simbólicamente son relacionadas de modo no arbitrario y sustancial (no al pié de la letra) con lo que el alumno ya sabe", o dicho de otro modo, que es precisamente la interacción entre las ideas del alumno y la nueva información la que define un aprendizaje significativo. En este trabajo se describen las condiciones necesarias para que se dé un aprendizaje de este tipo, que se refieren al material didáctico, al conocimiento del alumno y a su disposición o actitud ante el aprendizaje. Pero este aprendizaje ha sido interpretado frecuentemente como la interacción del alumno con los "objetos" que le rodean (por ejemplo, con los materiales escolares en solitario). En el artículo de Coll (1988) se propone resituar el proceso de *construcción de significados* (de aprendizaje, por tanto) en el contexto social de relación y comunicación interpersonal que es intrínseco al proceso de enseñanza/aprendizaje que tiene lugar en el aula.

Aspectos teóricos y metodológicos de las concepciones de los alumnos

COLL, C. (1983), La construcción de esquemas de conocimiento en el proceso de enseñanza/aprendizaje. En C. Coll (Comp.), *Psicología genética y aprendizajes escolares*. Madrid: Siglo XXI.

CUBERO, R. (1988), Los marcos conceptuales de los alumnos como esquemas de conocimiento. Una interpretación cognitiva. *Investigación en la Escuela, 4*, 3-11.

DRIVER, R. (1986), Psicología cognoscitiva y esquemas conceptuales de los alumnos. *Enseñanza de las ciencias, 4*, 3-15.

GIORDAN, A. y VECCHI, G. DE (1988), *Los orígenes del saber. De las concepciones personales a los conceptos científicos*. Sevilla: Díada.

Estos trabajos nos serán útiles, entre otros, si buscamos información sobre qué son las concepciones de los alumnos (o las ideas, o los esquemas de conocimiento), cuáles son sus características, qué implicaciones teóricas tienen para los procesos de enseñanza y qué relación guardan con los aprendizajes escolares. El libro de Giordan y De Vecchi (1989) es especialmente interesante, ya que expone de forma rigurosa y amena la teoría de las representaciones, la metodología de exploración y análisis de las mismas, así como numerosos ejemplos y propuestas didácticas basadas en ellas. Quizás, de toda la bibliografía en castellano recomendada, sea el libro más adecuado para comenzar a profundizar en estos temas (aunque debemos tener en cuenta que se refiere siempre a ejemplos de la enseñanza de las ciencias).

Estudios sobre ideas de los alumnos

BENLLOCH, M. (1984), *Por un aprendizaje constructivista de las ciencias*. Madrid: Visor.

CAÑAL, P. y GARCIA, S. (1987), La nutrición vegetal, un año después. Un estudio de caso en séptimo de E.G.B. *Investigación en la Escuela, 3*, 55-60.

CUBERO, R. (1988), Los esquemas de conocimiento de los niños. Un estudio sobre el proceso digestivo. *Cuadernos de Pedagogía, 165*, 57-60.

DELVAL, J. (1987), La construcción del mundo económico en el niño. *Investigación en la Escuela,* 2, 21-36.

DRIVER, R., GUESNE, E. y TIBERGHIEN, A. (1989), *Ideas científicas en la infancia y la adolescencia.* Madrid: M.E.C./Morata.

MORENO, A., ECHEITA, G., MARTIN, E. y DEL BARRIO, C. (1985), Un redondel con muchas cosas dentro: eso es un conjunto. *Infancia y Aprendizaje, 30*, 69-79.

PIAGET, J. (1981), *La representación del mundo en el niño.* Madrid: Morata.

POZO, J. I., ASENSIO, M. y CARRETERO, M. (1986), ¿Por qué prospera un país? Un análisis cognitivo de las explicaciones en historia. *Infancia y Aprendizaje, 34*, 23-41.

SERRANO, T. (1988), Reconstruir las ideas de los alumnos. Representaciones sobre el sistema nervioso al finalizar la E.G.B.. *Investigación en la Escuela, 6*, 95-107.

Estas publicaciones son una pequeña muestra de la gran cantidad de estudios realizados sobre las ideas de los alumnos tanto en ciencias naturales, como en historia y matemáticas. Entre ellas, el libro de Driver, Guesne y Tiberghien (1989) es un trabajo importante que reúne numerosos estudios sobre las ideas de los alumnos en ciencias (entre otros conceptos se investigan los de luz, electricidad, calor y temperatura, fuerza y movimiento, etc.) y en el que se analizan sus características, su origen y se proponen estrategias de enseñanza. El libro de Piaget (1981), por otro lado, es un clásico en el que, de una forma pionera (el original se publicó en 1926), se estudian las explicaciones e interpretaciones de los niños sobre los hechos y fenómenos naturales, en el transcurso de las diferentes etapas de su desarrollo intelectual; desde la teoría y la metodología piagetianas se escriben, también, el libro de Benlloch (1984), que recoge las concepciones de los niños en ciencias y los artículos de Delval (1987) y Moreno, Echeíta, Martín y del Barrio (1985).

9. Referencias

AMANN-GAINOTTI, M. (1986), *Children's representations of the body interior*. Second European Conference on Developmental Psychology. Roma, Italia, 10-13 Septiembre.

ANDERSSON, B. (1980), Some aspects of children's understanding of boiling-point. En W.F. Archenhold, R.H. Driver, A. Orton y C. Wood-Robinson (Eds.), *Cognitive development research in science and mathematics*. Leeds: University of Leeds.

CARAMAZZA, A., McCLOSKEY, M. y GREEN, B. (1981), Naive beliefs in sophisticated subjects: Misconceptions about trajectories of objects. *Cognition, 9*, 117-123.

CLOUGH, E. E. y DRIVER, R. (1986), A study of consistency in the use of students' conceptual frameworks across different task contexts. *Science Education, 70*(4), 473-496.

CRIDER, C. (1981), Children's conceptions of the body interior. En R. Bibace y M. Walsh (Eds.), *New directions for child development: Children's conceptions of health, illness and bodily functions*. San Francisco: Jossey-Bass.

DRIVER, R. (1986), Psicología cognoscitiva y esquemas conceptuales de los alumnos. *Enseñanza de las ciencias, 4*, 3-15.

DRIVER, R. GUESNE, E. y TIBERGHIEN, A. (Comps.) (1985), *Children's ideas in science*. Philadelphia: Open University Press. (Trad. cast. *Ideas científicas en la infancia y la adolescencia*. Madrid: M.E.C./Morata, 1989.)

ERICKSON, G. L. (1980), Children's view points of heat: A second look. *Science Education, 64*(3), 323-336.

GARCIA, J. E. y GARCIA, F. F. (1989), *Aprender investigando. Una propuesta metodológica basada en la investigación*. Sevilla: Díada.

GELLERT, E. (1962), Children's conceptions of the content and functions of the human body. *Genetic Psychology Monographs, 65*, 293-405.

GILBERT, J. y POPE, M. (1986), Small group discussions about conceptions in science: A case study. *Research in Science and Technological Education, 4*(1), 61-76.

MORENO, A., ECHEITA, G., MARTIN, E. y DEL BARRIO, C. (1985), Un redondel con muchas cosas dentro: eso es un conjunto. *Infancia y Aprendizaje, 30*, 69-79.

NOVAK, J. D. (1983), Overview of the Seminar. En H. Helm y J. D. Novak (Eds.), *Proceedings of the International Seminar: Misconceptions in science and mathematics*. Ithaca, N.Y.: Cornell University Press.

NUSSBAUM, J. (1979), Children's conceptions of the Earth as a Cosmic Body: A cross-age study. *Science Education, 63*(1), 83-93.

PORLAN, R. (1985), *Estudio de las representaciones mentales sobre germinación, desarrollo y alimentación de las plantas en niños de sexto de E.G.B.*. I Congreso Internacional sobre Investigación en la Didáctica de las Ciencias y las Matemáticas. Barcelona, Septiembre.

POSNER, G. J. y GERTZOG, W. A. (1982), The clinical interview and the measurement of conceptual change. *Science Education, 66*(2), 195-209.

SOLOMON, J., STIR GROUP, BLACK, P., OLDHAM, V. y STUART, H. (1985), The pupils' view of electricity. *European Journal of Science Education, 7*(3), 281-294.